AF236323

Tagebuch ISMS

Die glückliche Zeit mit dem Informationssicherheit-Managementsystem nach ISO 27001

Thomas Ili

Tagebuch ISMS

Die glückliche Zeit mit dem Informationssicherheit-Managementsystem nach ISO 27001

Bibliografische Information der Deutschen Nationalbibliothek: Die Deutsche National-bibliothek verzeichnet diese Publikation in der Deutschen Nationalbibliografie; detail-lierte bibliografische Daten sind im Internet über dnb.dnb.de abrufbar.

© 2022, Thomas Ili
Herstellung und Verlag: BoD – Books on Demand, Norderstedt

ISBN: 978-3-75-622795-2

INHALTSVERZEICHNIS

1. Einleitung

Die Einführung eines Informationssicherheits-Managementsystems ist ein aufwändiges Projekt. Innerhalb eines Geltungsbereichs sind zumindest alle Mitarbeiter betroffen, die mit sensiblen Informationen umgehen.

Der Verantwortliche für die Informationssicherheit muss ein umfangreiches Paket an Sicherheitsmaßnahmen erstellen und an die betroffenen Mitarbeiter vermitteln. Das erfordert ein hohes Maß an Organisation.

Dieses Tagebuch unterstützt den Verantwortlichen der Informationssicherheit bei seiner umfangreichen Aufgabe. Es liefert Hinweise zu allen Schritten der Umsetzung eines Informationssicherheits-Managementsystem (ISMS), insbesondere nach ISO 27001. Selbstverständlich kann es auch sinngemäß verwendet werden, ohne gleich alle Inhalte standardkonform umzusetzen.

Viel mehr noch kann das Tagebuch genauso für den Aufbau des ISMS verwendet werden, wie für eine Gap-Analyse oder zur Zertifizierungsvorbereitung. Das kann der Verantwortliche der Informationssicherheit verwenden, wie der externe Berater. Ebenso kann der Auditor dieses Tagebuch verwenden, um seine Notizen an passender Stelle zu pflegen und keine Themen zu vergessen.

Für die ISO 27001 ist es wichtig zu verstehen, dass der Standard ein Rahmenwerk der Informationssicherheit mit zentralem Risiko Management darstellt. Das Risiko Management bringt das interne Kontrollsystem hervor, das die Risiken verringern und die Informationssicherheit erhöhen soll.

2. Wie Sie das Tagebuch verwenden

Für jede Woche ist zunächst das Ziel vermerkt und die möglichen Ansprechpartner. Jede Organisation ist unterschiedlich aufgebaut, so dass die Auswahl der Ansprechpartner variieren kann. Die in diesem Tagebuch genannten Ansprechpartner dienen als Anregung.

Auch die Dauer einer Aufgabe variiert je nach Organisation. Dabei spielt oft nicht nur die Größe der Organisation eine Rolle, sondern auch die Struktur und die Kultur. Die vorgegebenen, geplanten Zeiträume sind daher nur als Richtwerte zu sehen und sollten individuell angepasst werden. Entscheidend sollte dafür das Zieldatum sein, welches sinnvoll gesetzt und einen Puffer enthalten sollte. Die Puffer sollten jedoch nicht zu groß werden. Ansonsten werden die Aufgaben zu weit nach hinten verschoben und liegen noch zum Ende der ISMS-Einführung an.

Ist der Puffer dagegen zu klein, werden die Zieldaten gerissen. Das ist weder motivierend, noch hilfreich, da die nachfolgenden Aktivitäten durch die vorangehenden Aufgaben behindert werden.

Diese Zieldaten fügen Sie nun in die Zelle „Übernommene Zieldaten" der jeweiligen Woche Ihres Tagebuchs ein. So erhalten Sie einen aktuellen Überblick Ihrer abzuarbeitenden Ziele. Selbstverständlich können Sie auch Teilziele vermerken. Das sollten Sie jedoch kennzeichnen, um sich nicht selbst zu täuschen.

Diese Ziele kennzeichnen Sie am besten über die Wochennummern. Für die erste Woche hieße das Ziel dann zum Beispiel „W1" und die Teilziele dann „W1.1", „W1.2" und so weiter.

Für jede Woche habe ich ein weiteres Feld angebracht, in der Sie ein übersichtliches Häkchen setzen können, um die vollständige Abarbeitung dokumentieren zu können.

Unterhalb der Zieldaten gibt es eine kurze Beschreibung, die Ihnen eine Stütze für die zu erreichenden Ziele sein soll. Sie soll Ihnen Hinweise auf die wichtigsten Punkte zur Erreichung der Ziele liefern.

Anschließend haben Sie Platz für die Benennung der Teilziele, für Termine und Kontakte sowie für eigene Hinweise, Kommentare und Planungen zu dem jeweiligen Wochenziel.

Zum Ende des Tagebuchs finden Sie dann noch einmal ein Gantt-Diagramm über die Laufzeit sowie eine Tabelle über die Verteilung der Anforderungen aus der ISO 27001 übersichtlich dargestellt.

Es muss erwähnt werden, dass dieses Tagebuch den Standard selbstverständlich nicht ersetzt. Es unterstützt die Umsetzung eines ISMS und dient der Planung sowie der Protokollierung.

3. WOCHENAUFGABEN DER INFORMATIONSSICHERHEIT

Ziel	Ziele der Informationssicherheit bestimmen	
Voraussichtliche Ansprechpartner	Geschäftsführung, weitere Führungsebenen	
Geplanter Zeitraum	3 Wochen	Zieldatum
Übernommene Zieldaten		

Beschreibung:

Die Ziele der Informationssicherheit sollten sich aus den Organisationszielen ableiten und die kritischen Informationen schützen. Auch um die Unterstützung der Geschäftsführung sicherzustellen, sollten die Informationssicherheitsziele der Vertraulichkeit, Verfügbarkeit und Integrität mit der Geschäftsführung abgestimmt werden. Nicht in allen Organisationen kann die Geschäftsführung dazu gewonnen werden. Dann sollte die höchstmögliche Ebene herangezogen werden.

Die Ziele stimmen Sie am besten mit weiteren Führungsebenen ab. Dabei geht es nicht um Änderungen, sondern um die Bestätigung und letztlich die Unterstützung. Die Ziele der Informationssicherheit sind strategische Entscheidungen, die nicht jährlich erneuert werden. Die Zielerreichung wird dagegen jedes Jahr geprüft.

Teilziele, Termine und Kontakte:

Eigene Hinweise, Kommentare und Planungen:

Ziel	Geltungsbereich festlegen		
Voraussichtliche Ansprechpartner		AbteilungsleiterInnen	
Geplanter Zeitraum	2 Wochen	Zieldatum	
Übernommene Zieldaten			

Beschreibung:

Aus der Zielvereinbarung mit der Geschäftsführung sollte der Geltungsbereich bereits hervorgegangen sein. Nun ist er noch einmal zu schärfen.

An dieser Stelle ist festzulegen, welche Standorte und Abteilungen in dem Geltungsbereich des Informationssicherheits-Managementsystems eingebunden werden und vor allem welche nicht. An Fremdunternehmen ausgelagerte Bereiche sollten hier ebenfalls benannt werden. Sinnvoll wäre eine Definition der Schnittstellen zu allen Bereichen, die nicht zum ISMS gehören, mit einer Beschreibung, wie und welche Daten ausgetauscht werden. Der Geltungsbereich sollte mit den betreffenden AbteilungsleiterInnen abgestimmt werden. Unterschiedliche Auffassungen sind zu begründen und gegebenenfalls von der Geschäftsführung genehmigen zu lassen.

Teilziele, Termine und Kontakte:

Eigene Hinweise, Kommentare und Planungen:

Woche 3

Ziel	Anforderungen der Stakeholder (Interessierten) verstehen		
Voraussichtliche Ansprechpartner	AbteilungsleiterInnen, Führungskräfte, Geschäftsführung		
Geplanter Zeitraum	3 Wochen	Zieldatum	
Übernommene Zieldaten			

Beschreibung:

Der Standard will den Kontext definiert haben, in dem die Organisation steht und deren Anforderungen formuliert wissen. Um keinen Bedarf zu vergessen hilft es tatsächlich, die unterschiedlichen Anforderungen von intern und extern zu kennen. Dazu bietet sich eine Stakeholder-Analyse an, die am besten gemeinsam mit den AbteilungsleiterInnen erstellt und jährlich aktualisiert wird. Je nachdem wie die Organisation gestaltet ist, kann diese Stakeholder-Analyse noch von den oberen Führungskräften oder der Geschäftsführung abgenommen werden.

Die ermittelten Anforderungen können für eine Analyse der Risiken und Chancen verwendet werden, wie sie im Kapitel 6.1.1 der ISO 27001 gefordert wird.

Teilziele, Termine und Kontakte:

Eigene Hinweise, Kommentare und Planungen:

Woche 4 ☑

Ziel	Die Ziele der Informationssicherheit den Fachbereichen zuweisen	
Voraussichtliche Ansprechpartner	Betroffene AbteilungsleiterInnen	
Geplanter Zeitraum	5 Wochen	Zieldatum
Übernommene Zieldaten		

Beschreibung:

Die aus der ersten Woche ermittelten Ziele haben Auswirkungen auf verschiedene Funktionen und Ebenen der Organisation. Sie sind den entsprechenden Fachbereichen zuzuordnen und ihre Zielerreichung ist entsprechend zu planen.

Bei der Planung können bereits die aufgenommenen Anforderungen der Stakeholder aus der Vorwoche berücksichtigt werden. Die Planungen werden die IT-Assets aufdecken, die an der Erhebung, Verarbeitung und dem Transfer der zu schützenden Informationen beteiligt sind. Diese können für die nachfolgende Schutzbedarfsanalyse / Schutzbedarfsfeststellung genutzt werden (siehe Woche 11).

Teilziele, Termine und Kontakte:

Eigene Hinweise, Kommentare und Planungen:

Woche 5

Ziel	Information Security Policy erstellen	
Voraussichtliche Ansprechpartner	AbteilungsleiterInnen, Geschäftsführung	
Geplanter Zeitraum	4 Wochen	Zieldatum
Übernommene Zieldaten		

Beschreibung:

Die Ziele der Informationssicherheit sind nun in Regeln für den definierten Geltungsbereich umzuwandeln. Es ist zu definieren, welche Regeln zu befolgen sind, um die vereinbarten Ziele nicht zu gefährden. Dies ist mit den AbteilungsleiterInnen abzustimmen, da diese ihren Mitarbeitern die Inhalte abverlangen und später gegebenenfalls Policies für ihre eigene Abteilung erstellen sollen. Dennoch ist auf ein konsequentes Vorgehen zu achten, da die Abstimmungsprozesse ausufern können. Policies sind Richtlinien und werden als Direktiven der Geschäftsführung eingesetzt. Die Geschäftsführung muss diese daher unterstützen und die AbteilungsleiterInnen prüfen die Einhaltung gemäß Anhang A 18.2.2 der ISO 27001.

Teilziele, Termine und Kontakte:

Eigene Hinweise, Kommentare und Planungen:

Woche 6 ☑

Ziel	Verantwortlichkeiten festlegen			
Voraussichtliche Ansprechpartner		Fachkräfte		
Geplanter Zeitraum	1 Woche		Zieldatum	
Übernommene Zieldaten				

Beschreibung:

Dieser Schritt ist eigentlich mit der Bestellung des Informationssicherheitsbeauftragten / Chief Information Security Officers erledigt. Daher bietet es sich an dieser Stelle an, ein Team der Informationssicherheit zu erstellen und dem Anhang A 6.1.1 der ISO 27001 vorzugreifen. Das Team kann aus Fachkräften des Kollegium zusammengestellt werden, sollte jedoch unbedingt bereits bestehende Rollen der Informationssicherheit, wie zum Beispiel IT-Risk Manager, Notfall-Manager oder Koordinatoren, einschließen.

Die angemessene Kompetenz der Team-Mitglieder ist gemäß Kapitel 7.2 der ISO 27001 sicherzustellen.

Teilziele, Termine und Kontakte:

Eigene Hinweise, Kommentare und Planungen:

Woche 7

☑

Ziel	Dokumentationsrichtlinie erstellen		
Voraussichtliche Ansprechpartner	Betroffene Fachbereiche		
Geplanter Zeitraum	1 Woche	Zieldatum	
Übernommene Zieldaten			

Beschreibung:

In dem Prozess der Informationssicherheit sind Dokumente zur Regelung, zur Aufrechterhaltung und Wiederherstellung sowie zur Nachweissicherung zu erstellen. Die Integrität, eine angemessene Verfügbarkeit und die vereinbarte Vertraulichkeit der Dokumente sind sicherzustellen. Die Regeln dazu sind in einer Richtlinie festzulegen und durch ein Dokumenten Review-Konzept zu ergänzen.

Teilziele, Termine und Kontakte:

Eigene Hinweise, Kommentare und Planungen:

Ziel	Kommunikationsrichtlinie erstellen		
Voraussichtliche Ansprechpartner		Rollen der Informationssicherheit	
Geplanter Zeitraum	1 Woche	Zieldatum	
Übernommene Zieldaten			

Beschreibung:

Für die Informationen gibt es unter anderem Anforderungen an die Vertraulichkeit. Um diese zu gewährleisten, ist der Umgang zum einen mit den Dokumenten zu regeln (siehe Vorwoche), zum anderen aber auch die Freigabe, vertrauliche Inhalte weiterzugeben. Es sollte geregelt werden, wer, was, wann, mit wem kommunizieren darf. Das gilt sowohl nach intern, als auch nach extern sowie im Normalbetrieb, als auch im Notfallbetrieb.

Teilziele, Termine und Kontakte:

Eigene Hinweise, Kommentare und Planungen:

Woche 9

Ziel	Awareness-Konzept erstellen		
Voraussichtliche Ansprechpartner		Etwaige Präsentatoren	
Geplanter Zeitraum	4 Wochen	Zieldatum	
Übernommene Zieldaten			

Beschreibung:

Die Mitarbeiter müssen sensibilisiert werden. Das gilt sowohl für die Sacharbeiter und Fachkräfte, als auch für die Führungskräfte und externen Dienstleister, wenn diese Zugriff auf Informationen haben die einen Wert an Vertraulichkeit, Verfügbarkeit und Integrität besitzen.

In den Awareness-Maßnahmen muss sichergestellt werden, dass die Richtlinien bekannt gemacht werden sowie der mögliche Beitrag der Mitarbeiter zur Informationssicherheit und mögliche Maßregelungen nach A 7.2.3 der ISO 27001, wenn die Anforderungen an Vertraulichkeit, Verfügbarkeit und Integrität nicht erfüllt werden.

Teilziele, Termine und Kontakte:

Eigene Hinweise, Kommentare und Planungen:

Ziel	Prozess zur Risikobeurteilung erstellen, festlegen und anwenden	
Voraussichtliche Ansprechpartner	Geschäftsführung	
Geplanter Zeitraum	2 Wochen	Zieldatum
Übernommene Zieldaten		

Beschreibung:

Der Prozess zur Risikobeurteilung sollte mögliche Risiken bei Verlust der Vertraulichkeit, Verfügbarkeit und Integrität ermitteln, die Eintrittswahrscheinlichkeiten sowie mögliche Folgen oder Schäden abschätzen und das Risikoniveau bestimmen.

Für die Eintrittswahrscheinlichkeiten, den Folgen/Schäden, dem Risikoniveau sowie den akzeptablen Risiken sind Kriterien festzulegen. Diese sind mit der Geschäftsführung abzustimmen, da sie für die Organisationsrisiken „verantwortlich" ist.

„Zuständig" für die Risikobehandlung sind die Risiko-Owner. Sie sollten die nötige Kompetenz besitzen und benannt sein. Abschließend sind die Risiken zu priorisieren. Der Risikobeurteilungsprozess ist zu dokumentieren.

Teilziele, Termine und Kontakte:

Eigene Hinweise, Kommentare und Planungen:

Woche 11

Ziel	Schutzbedarfsfeststellung		
Voraussichtliche Ansprechpartner	Betroffene Fachbereiche		
Geplanter Zeitraum	Einen halben Tag pro Fachbereich	Zieldatum	
Übernommene Zieldaten			

Beschreibung:

In den Planungen der Informationssicherheitsziele für die Fachbereiche (siehe Woche 4) werden die IT-Assets und die Informationen aufgedeckt, die es zu schützen gilt. Die Schutzbedürftigkeit ist noch einmal zu konkretisieren, um die Schutzbedarfsgrade der Informationen zu bestimmen. Tatsächlichen werden dabei die möglichen Schäden bei Verlust der Vertraulichkeit, Verfügbarkeit beziehungsweise der Integrität dieser Informationen ermittelt und gemäß den Kriterien aus der Woche 10 bewertet. Dabei sollten auch die Informationen aus den Sub-Prozessen und Management-Prozessen, wie zum Beispiel die Stammdaten berücksichtigt werden.

Bei Ermittlung des erforderlichen Zeitraumes sollten problematische Terminvereinbarungen und Pufferzeiten berücksichtigt werden.

Teilziele, Termine und Kontakte:

Eigene Hinweise, Kommentare und Planungen:

Woche 12

Ziel	Ermittlung und Bewertung der IT-Assets	
Voraussichtliche Ansprechpartner	Betroffene Fachbereiche, Netzwerk-Team, Facility Management	
Geplanter Zeitraum	Einen Tag je Fachbereich	Zieldatum
Übernommene Zieldaten		

Beschreibung:

Für die als kritisch erkannten Informationen sind die beteiligten IT-Assets zu ermitteln. Der in der Vorwoche ermittelte Schutzbedarf wird auf diese IT-Assets vererbt.

In der ISO 27005 zum Risiko Management der Informationssicherheit werden die Primary Assets (Geschäftsprozesse, Informationen) und Supporting Assets (Hardware, Software, Netzwerk, Personal, Standort, Organisationsstruktur/Abteilungen) unterschieden. Für diese IT-Assets sind Mitarbeiter als IT-Asset Owner zu benennen, die sich am besten damit auskennen.

Die IT-Assets werden in Zusammenarbeit der Fachbereiche mit den Informationen der Netzwerk-Teams und des Facility Managements ermittelt. Der zeitliche Umfang ist stark vom Umfang der Organisation, ihrer Struktur und ihrer Kultur abhängig.

Teilziele, Termine und Kontakte:

Eigene Hinweise, Kommentare und Planungen:

Ziel	Ermittlung und Bewertung der Bedrohungen		
Voraussichtliche Ansprechpartner	IT-Asset Owner, Risiko-Owner		
Geplanter Zeitraum	Einen halben Tag pro IT-Asset	Zieldatum	
Übernommene Zieldaten			

Beschreibung:

Die ISO 27005 gestattet für das erste „Übergangsjahr" eine High-Level Risikoanalyse, die nur generische Bedrohungen betrachtet. Die generische Bedrohungsanalyse kann auch der Beginn einer detaillierten Risikoanalyse sein, die anschließend die Bedrohungsanalyse über die jeweiligen IT-Assets ergänzt.

Die Bedrohungen können zum Beispiel durch höhere Gewalt, technische Einflüsse, Mangel an Organisation, Fahrlässigkeiten oder vorsätzlichen Attacken von Mitarbeitern oder externen Angreifern entstehen. Gegebenenfalls sind den Bedrohungen entsprechende Schwachstellen gegenüberzustellen und dann die Eintrittswahrscheinlichkeiten gegen die Kriterien aus Woche 10 zu bewerten.

Die Bedrohungsermittlung ist eine aufwändige Aufgabe und sollte durch Asset-Gruppierungen oder sonstiges verringert werden.

Teilziele, Termine und Kontakte:

Eigene Hinweise, Kommentare und Planungen:

Ziel	Ermittlung und Priorisierung des Risikoniveaus		
Voraussichtliche Ansprechpartner			
Geplanter Zeitraum	1 Woche	Zieldatum	
Übernommene Zieldaten			

Beschreibung:

Für die jeweiligen IT-Assets sind Schutzbedarfe und Bedrohungen ermittelt und bewertet worden. Anhand vordefinierter Kriterien aus der zehnten Woche wird nun das jeweilige Risikoniveau ermittelt. Risiken die höher als das definierte akzeptable Risiken liegen, müssen reduziert werden. Eine Ausnahme kann bestehen, wenn die Geschäftsführung das verbleibende Restrisiko toleriert.

Die Risiken und deren Behandlung wird anschließend priorisiert.

Da die Ermittlung des Risikoniveaus erst nach vollständiger Abarbeitung der Risikoanalyse erfolgen kann, kann dieser Prozess nicht parallel erfolgen und beginnt beispielsweise 10 Wochen später.

Teilziele, Termine und Kontakte:

Eigene Hinweise, Kommentare und Planungen:

Woche 24

Ziel	Risk Treatment Plan (Risikobehandlungsplan)		
Voraussichtliche Ansprechpartner		Risiko-Owner, Geschäftsführung	
Geplanter Zeitraum	4 Wochen	Zieldatum	
Übernommene Zieldaten			

Beschreibung:

Zur Reduktion der erkannten Risiken werden geeignete Maßnahmen (Controls) ermittelt, die das interne Kontrollsystem ergeben. Diese Controls werden in einem Risk Treatment Plan (RTP) dokumentiert. Dabei ist zu beachten, dass der Plan die komplette Kette vom bedrohten Asset, über die Bedrohung, hin zur Maßnahme und dem Hinweis, ob dieses Control umgesetzt wurde oder noch nicht, erfasst.

Teilziele, Termine und Kontakte:

Eigene Hinweise, Kommentare und Planungen:

Ziel	Steuerung Änderungsprozesse (Change Management)	
Voraussichtliche Ansprechpartner	Service Desk	
Geplanter Zeitraum	1 Woche	Zieldatum
Übernommene Zieldaten		

Beschreibung:

Die ermittelten Maßnahmen müssen sinnvoll eingeführt werden, so dass keine Beeinträchtigung bestehender Systeme erfolgt und die Mitarbeiter angemessen in die Veränderungen eingebunden werden.

Verschiedene Rahmenwerke zeigen den Aufbau eines angemessenen Change Managements mit Advisory Boards für Standard- und Notfälle. Diverse, verfügbare Tools unterstützen diese Rahmenwerke.

Neben dem Kapitel 8.1 finden sich weitere Anforderungen zum Change Management in den Controls zum Anhang A 12 und A 14 der ISO 27001.

Teilziele, Termine und Kontakte:

Eigene Hinweise, Kommentare und Planungen:

Ziel	Steuerung der ausgelagerten Prozesse (Lieferantenbeziehungen)	
Voraussichtliche Ansprechpartner	Procurement, empfangende Abteilungen	
Geplanter Zeitraum	1 Woche	Zieldatum
Übernommene Zieldaten		

Beschreibung:

Dies ist ein Vorgriff auf die Controls im Anhang A 15 der ISO 27001 (siehe dazu auch A13.2 und A 14.2.7 der ISO 27001), da sie entscheidenden Einfluss auf die Ressourcenplanung der Folgewoche haben. Die Aktivitäten der Lieferanten, die Einfluss auf die sensiblen Informationen haben könnten, muss gesteuert oder zumindest kontrolliert werden. Das sollte sich auch auf Lieferanten von Produkten erstrecken, die Informationen erheben, verarbeiten oder transferieren.

Teilziele, Termine und Kontakte:

Eigene Hinweise, Kommentare und Planungen:

Ziel	Ressourcen planen		
Voraussichtliche Ansprechpartner		IT-Asset Owner, Risk-Owner, Geschäftsführung	
Geplanter Zeitraum	3 Wochen	Zieldatum	
Übernommene Zieldaten			

Beschreibung:

Für die ermittelten Controls sind nun die Ressourcen zu planen und von der Geschäftsführung freizugeben. Anschließend können die Controls umgesetzt werden. Die Auswahl und Umsetzung der Controls ist für jedes Unternehmen individuell. In der Praxis werden diese parallel abgearbeitet, dürften jedoch insgesamt einen ähnlichen Zeitraum erfordern, wie er in diesem Tagebuch aufgezeigt ist. Controls die es bis zum Zertifizierungsaudit nicht geschafft haben, befinden sich im Risk Treatment Plan in der Planung. Es sollte jedoch darauf geachtet werden, dass die Informationssicherheit aufgrund fehlender Controls nicht unangemessen gefährdet ist.

Die Controls zum Anhang A 5 der ISO 27001 wurden bereits in der Woche 7 berücksichtigt. Die Auswahl geeigneter Richtlinien findet sich in den jeweiligen Controls.

Teilziele, Termine und Kontakte:

Eigene Hinweise, Kommentare und Planungen:

Ziel	Controls Clause A 6 – Organisation der Informationssicherheit		
Voraussichtliche Ansprechpartner	AbteilungsleiterInnen, Personalabteilung		
Geplanter Zeitraum	2 Wochen	Zieldatum	
Übernommene Zieldaten			

Beschreibung:

Die Verantwortlichkeiten wurden bereits Woche 6 festgelegt. Es ist jedoch eine angemessene Aufgabentrennung sicherzustellen, so dass sich der Ausführende nichts selbst kontrolliert. Dies wird am besten mit einer RACI Matrix zu den Controls untermauert. Außerdem ist die Informationssicherheit außerhalb des Standortes zu gewährleisten.

Teilziele, Termine und Kontakte:

Eigene Hinweise, Kommentare und Planungen:

Ziel	Controls Clause A 7 – Personalsicherheit		
Voraussichtliche Ansprechpartner		Personalabteilung	
Geplanter Zeitraum	2 Wochen	Zieldatum	
Übernommene Zieldaten			

Beschreibung:

Das Awareness-Konzept aus der Woche 9 sollte um ein Schulungskonzept ergänzt werden. Außerdem sollte die Ausgabe von Materialen und Berechtigungen gesteuert und diese rechtzeitig entzogen werden.

Ein möglicher Hintergrund-Check von Bewerbern sollte den gesetzlichen Anforderungen entsprechen.

Teilziele, Termine und Kontakte:

Eigene Hinweise, Kommentare und Planungen:

Woche 30 ☑

Ziel	Controls Clause A 8 – Verwaltung der Werte		
Voraussichtliche Ansprechpartner		Betroffene IT-Asset Owner	
Geplanter Zeitraum	6 Wochen	Zieldatum	
Übernommene Zieldaten			

Beschreibung:

Die IT-Assets wurden bereits in Woche 12 ermittelt. Nun ist zumindest noch die Kennzeichnung des Vertraulichkeitsgrades und die Handhabung von Datenträgern zu bestimmen und umzusetzen. Dies wird am besten über eine Richtlinie festgelegt. In der IT-Asset Datenbank sollten mindestens der IT-Asset Owner, der IT-Asset Standort, die Schutzbedarfe für Vertraulichkeit, Verfügbarkeit und Integrität sowie eine etwaige Gruppenzugehörigkeit für gleichartige IT-Assets dokumentiert werden.

Teilziele, Termine und Kontakte:

Eigene Hinweise, Kommentare und Planungen:

Woche 31

Ziel	Controls Clause A 9 – Zugangssteuerung		
Voraussichtliche Ansprechpartner		Betroffene IT-Asset Owner	
Geplanter Zeitraum	5 Wochen	Zieldatum	
Übernommene Zieldaten			

Beschreibung:

Alle IT-Assets, die Zugang zu sensiblen Informationen ermöglichen, sollten ein Rollen und Rechtekonzept aufweisen. Eine Richtlinie könnte dieses Konzept sowie den Umgang mit Authentisierungsinformationen festlegen.

In einem Rollen- und Rechtekonzept werden Rechteprofile zu Benutzerrollen zusammengefasst, denen die Nutzer zugewiesen werden.

Teilziele, Termine und Kontakte:

Eigene Hinweise, Kommentare und Planungen:

Woche 32

Ziel	Controls Clause A 10 – Kryptographie		
Voraussichtliche Ansprechpartner		Betroffene IT-Asset Owner	
Geplanter Zeitraum	3 Wochen	Zieldatum	
Übernommene Zieldaten			

Beschreibung:

Sinnvoller Weise wird erst einmal ermittelt, wo kryptographische Maßnahmen erforderlich und welche Technologien dort möglich sind. Die Erforderlichkeit wird über den Schutzbedarf aus der Woche 11 festgestellt und die technischen Möglichkeiten über die IT-Asset Owner. Weitere Controls (z.B. A 13.2.3 und A 14.1.3) bieten sich direkt für eine kryptografische Lösung an.

Das Control A 18.1.5 fordert explizit eine Regelung für kryptische Verfahren.

Auch der Umgang mit den kryptografischen Maßnahmen und Schlüsseln sollte in einer Richtlinie geregelt werden.

Teilziele, Termine und Kontakte:

Eigene Hinweise, Kommentare und Planungen:

Ziel	Controls Clause A 11 – Physische und umgebungsbezogene Sicherheit	
Voraussichtliche Ansprechpartner	Facility Management, IT-Support, Infrastruktur	
Geplanter Zeitraum	4 Wochen	Zieldatum
Übernommene Zieldaten		

Beschreibung:

Dieses Clause befasst sich mit den Einlasskontrollen und dem Verhalten innerhalb der Räumlichkeiten, zu dem ein Zonenkonzept angeraten wäre. Außerdem befasst sich das Clause mit dem Umgang mit Datenträgern und den Versorgungseinrichtungen sowie dessen Zuleitungen. Etwaiger Änderungsbedarf in den bestehenden Einrichtungen kann einen hohen Zeitbedarf nach sich ziehen und den hier angegebenen „geplanten Zeitraum" deutlich überschreiten.

Eine gängige Forderung dieses Clauses ist die „Clear Desk and Clear Screen Policy".

Teilziele, Termine und Kontakte:

Eigene Hinweise, Kommentare und Planungen:

Woche 34

Ziel	Controls Clause A 12 – Betriebssicherheit	
Voraussichtliche Ansprechpartner	Betroffene IT-Asset Owner, IT-Abteilungen	
Geplanter Zeitraum	6 Wochen	Zieldatum
Übernommene Zieldaten		

Beschreibung:

Das Change Management wurde bereits in der Woche 25 eingeführt. Weitere Prozesse und Prozeduren der IT werden in diesem Clause gefordert. Unter anderem die Trennung der Entwicklungs- von der Betriebsumgebung, ein Anti-Malware Konzept, ein Backup-Konzept, ein Protokollierungskonzept, ein Applikations- und Schwachstellen Management (siehe auch A 14.2) sowie ein Konzept bei etwaigen Penetrationstests.

Die Umsetzungen der Konzepte erfolgen parallel in den betroffenen IT-Abteilungen.

Teilziele, Termine und Kontakte:

Eigene Hinweise, Kommentare und Planungen:

Ziel	Controls Clause A 13 – Kommunikationssicherheit	
Voraussichtliche Ansprechpartner	Betroffene IT-Asset Owner, Procurement	
Geplanter Zeitraum	9 Wochen	Zieldatum
Übernommene Zieldaten		

Beschreibung:

Für die Netzwerk-Services werden Verwaltungs- und Sicherheitsmaßnahmen gefordert. Diese sollten auch mit externen Dienstleistern und anderen externen Partnern festgeschrieben werden. Eine Vertraulichkeitsvereinbarung (NDA) sollte immer verfügbar und vereinbart sein.

Ein weiterer wichtiger Punkt ist der angemessene Schutz der Nachrichtenübermittlung (siehe auch A 14.1), wie zum Beispiel die Verschlüsselung von eMails. Wie bei allen anderen Controls, muss eine Risikoanalyse die Angemessenheit bestimmen.

Teilziele, Termine und Kontakte:

Eigene Hinweise, Kommentare und Planungen:

Woche 36

Ziel	Controls Clause A 14 – Anschaffung, Entwicklung und Instandhalten von Systemen		
Voraussichtliche Ansprechpartner		IT-Support, Software Entwicklung, Procurement	
Geplanter Zeitraum	4 Wochen	Zieldatum	
Übernommene Zieldaten			

Beschreibung:

Vorschnell werden diese Controls oft ausgeschlossen, wenn es keine Software-Entwicklung gibt. Jedoch geht es in diesem Clause vornehmlich um die Beschaffung, Entwicklung und Aufrechterhaltung (Wartung) von IT-Systemen, die eine Kombination von Hard- und Software darstellen.

Verschiedene Controls verweisen auf andere Bereiche, wie das Change Management (Woche 25), dem Applikationskonzept (Woche 34), den Netzwerkdiensten (Woche 35) und den Umgang mit externen Dienstleistern (Woche 26). Es ist sinnvoll, diese Anforderungen dort zu berücksichtigen.

Teilziele, Termine und Kontakte:

Eigene Hinweise, Kommentare und Planungen:

Ziel	Controls Clause A 16 – Handhabung von Informationssicherheitsvorfällen	
Voraussichtliche Ansprechpartner	Service Desk	
Geplanter Zeitraum	2 Wochen	Zieldatum
Übernommene Zieldaten		

Beschreibung:

Das Security Incident Management ist ein bedeutender Prozess der Informationssicherheit. Entscheidend ist die nachfolgende Aufgabe, diesen Prozess mit Leben zu füllen. Für das „Leben" kann das Service Desk sorgen. Vielleicht ist dem noch ein Security Operations Center (SOC) nachgeschaltet, ansonsten wird der Informationssicherheitsbeauftragte stärker eingebunden sein.

Wichtig sind die Lessons Learned der Vorfälle, deren Ursache nicht geklärt werden konnte oder anderweitig auffällig wurden.

Teilziele, Termine und Kontakte:

Eigene Hinweise, Kommentare und Planungen:

Woche 38

Ziel	Controls Clause A 17 –
	Informationssicherheitsaspekte beim Business Continuity Management

Voraussichtliche Ansprechpartner	Notfall-Manager, IT-Asset Owner, Abteilungs-leiterInnen

Geplanter Zeitraum	8 Wochen, inklusive des Notfall Managements	Zieldatum	

Übernommene Zieldaten	

Beschreibung:

Ein weiterer wichtiger Prozess ist das Notfall Management. Die aktuelle ISO 27001 beschränkt sich auf den Schutz der Informationen während eines Notfalles. Forderungen nach einer Notfallvorsorge und Notfallbehebung finden sich dort nicht. Dennoch wäre ein Notfall Management, zum Beispiel nach ISO 22301, angeraten.

Bedeutende Parameter sind die maximale Ausfallzeit der Informationsverarbeitung (RPO), die den maximalen Backup-Zyklus bestimmt, und der späteste Wiederherstellungszeitpunkt des Prozesses (RTO), bevor die gesicherten Daten wieder eingespielt werden können. Die Notfallzeit ist dann die RTO abzüglich der Zeit zur Systemwiederherstellung, ausgehend vom letzten Backup.

Teilziele, Termine und Kontakte:

Eigene Hinweise, Kommentare und Planungen:

Ziel	Controls Clause A 18 – Compliance		
Voraussichtliche Ansprechpartner	Geschäftsführung, Rechtsabteilung, DatenschutzbeauftragterIn, AbteilungsleiterInnen		
Geplanter Zeitraum	3 Wochen	Zieldatum	
Übernommene Zieldaten			

Beschreibung:

Alle rechtlichen und betrieblichen Anforderungen sollten zentral zusammengetragen werden, um die Einhaltung zu kontrollieren und sicherzustellen. Die Einhaltung der Urheberrechte und des Datenschutzes ist eine wiederkehrende Aufgabe, aber auch die angemessene Aufbewahrung von Protokollen (siehe dazu auch A 12.4).

Es wird eine unabhängige und regelmäßige Überprüfung der Informationssicherheit gefordert. Darüber hinaus auch die regelmäßige Prüfung der IT-Systeme (siehe auch A 12.7.1 der ISO 27001) und deren Einhaltung von Richtlinien und Sicherheitsstandards.

Teilziele, Termine und Kontakte:

Eigene Hinweise, Kommentare und Planungen:

Woche 40 ☑

Ziel	Statement of Applicability (Anwendungserklärung)		
Voraussichtliche Ansprechpartner	Risiko-Owner		
Geplanter Zeitraum	1 Woche	Zieldatum	
Übernommene Zieldaten			

Beschreibung:

Für das Statement of Applicability (SoA) kann der Risk Treatment Plan ergänzt werden, indem dokumentiert wird, dass sich die Controls aus dem Anhang A der ISO 27001 in dem internen Kontrollsystem wiederfinden. Findet sich ein Control aus dem Anhang A dort nicht wieder, ist das zu erläutern oder risikobasiert einzubinden. Der Standard fordert auch eine Erläuterung, warum ein Control aus dem Anhang A der ISO 27001 eingeführt wurde. Dies ergibt sich jedoch aus dem Risikoniveau oberhalb des akzeptablen Risikos und erhält meist keine gesonderte Erläuterung.

Teilziele, Termine und Kontakte:

Eigene Hinweise, Kommentare und Planungen:

Ziel	Key IT-Risk Indicators (KIRIs) messen	
Voraussichtliche Ansprechpartner		IT-Asset Owner, Beauftragter Qualitäts-Management
Geplanter Zeitraum	2 Wochen	Zieldatum
Übernommene Zieldaten		

Beschreibung:

Nachdem die Controls definiert und zum Teil eingeführt wurden, ist ihre Wirksamkeit zu messen und sicherzustellen. Nicht jedes Control und viel mehr nicht die Maßnahmen (beziehungsweise Kapitel) des Rahmenwerkes eignen sich für eine fortlaufende Überwachung und würden zudem unnötig Ressourcen binden. Es sind daher die Controls zu messen, die einen wesentlichen Beitrag zur Informationssicherheit leisten – in der Regel sind es die Controls, die die größten Risiken verringern. Die ISO 27001 fordert eine Festlegung, wer, was, wie und wann misst sowie eine Festlegung, wer die Ergebnisse in welchen Abständen analysiert.

Der angegebene „geplante Zeitraum" gilt für die Planung des KIRI-Rahmenwerkes.

Teilziele, Termine und Kontakte:

Eigene Hinweise, Kommentare und Planungen:

Woche 42

Ziel	Interne Audits planen		
Voraussichtliche Ansprechpartner		Die gesamte Organisation im Geltungsbereich	
Geplanter Zeitraum	1 Woche	Zieldatum	
Übernommene Zieldaten			

Beschreibung:

Die Einhaltung des Standards und der eigenen Auflagen sind in einem regelmäßigen Programm durch interne Audits zu überprüfen. Wenn die KIRIs vornehmlich die Wirksamkeit der Controls messen, müssen die internen Audits nur noch prüfen, ob die Messungen durchgeführt wurden und ob der Trends die Erwartungen erfüllen. Eine erneute Prüfung der Controls sollte nicht erforderlich sein. Vielmehr ist das Rahmenwerk der ISO 27001 (Kapitel 4 bis 10) sowie das Risiko Management innerhalb eines Zertifizierungszyklus von 3 Jahren zu prüfen.

Der angegebene „geplante Zeitraum" gilt für die Planung des Auditprogramms.

Teilziele, Termine und Kontakte:

Eigene Hinweise, Kommentare und Planungen:

Ziel	Management Review	
Voraussichtliche Ansprechpartner	Geschäftsführung, AbteilungsleiterInnen	
Geplanter Zeitraum	1 Woche	Zieldatum
Übernommene Zieldaten		

Beschreibung:

Die Geschäftsführung ist für die Informationssicherheit und die Verwaltung der Risiken verantwortlich. Daher ist sie regelmäßig über die Risikosituation und das Informationssicherheits-Managementsystem zu informieren. Neben den Entscheidungen zu den Risikokategorien und den Risikobeurteilungen, trifft die Geschäftsführung weitere Entscheidungen anhand der Richtlinien, der Sicherheitsvorfälle und der Ergebnisse der internen Audits. Dazu gehören auch die tolerierten Risiken und die Ressourcenplanungen. Die Reviews sind managementgerecht (in Form eines summary) und mindestens jährlich durchzuführen.

Gemeinsam mit dem Vorfall Management erfüllt das Management Review auch die Anforderungen des Kapitels 10 der ISO 27001.

Teilziele, Termine und Kontakte:

Eigene Hinweise, Kommentare und Planungen:

Woche 44

☑

Ziel	Zertifizierungsvorbereitung		
Voraussichtliche Ansprechpartner			
Geplanter Zeitraum	4 Wochen	Zieldatum	
Übernommene Zieldaten			

Beschreibung:

Der Umfang für die Zertifizierungsvorbereitung hängt stark von der Qualität vorangegangener Arbeit ab. Oft kommen jetzt einige stiefmütterlich behandelte Prozesse ans Tageslicht, die nun schnell noch erledigt werden müssen. Wurde dieses Tagebuch zum Aufbau verwendet, sollten alle wichtigen Anforderungen berücksichtigt worden sein. Dennoch wurde ein Pufferzeitraum von 4 Wochen berücksichtigt.

Teilziele, Termine und Kontakte:

Eigene Hinweise, Kommentare und Planungen:

Ziel	Anmeldung zur Zertifizierung		
Voraussichtliche Ansprechpartner		Geschäftsführung, Zertifizierungsstelle	
Geplanter Zeitraum	2 Wochen	Zieldatum	
Übernommene Zieldaten			

Beschreibung:

Die Zertifizierungsstellen sind von der Deutschen Akkreditierungsstelle (DAkkS) mit ihrem Zertifizierungsverfahren akkreditiert. Vereinzelt gibt es unterschiedliche Umsetzungen in den Preisen und in der Verhandlungsbereitschaft der Zertifizierungsstellen. Das trifft auch auf die Lieferung der Dokumente vor Zertifizierungsbeginn zu. Diese sollen das Rahmenwerk dokumentieren und enthalten zumindest den Geltungsbereich und eine Liste der gelenkten Dokumente sowie ein Organigramm. Die Anzahl der Mitarbeiter im Geltungsbereich ist für den Beauftragungsumfang wichtig. Dieser wird in dem initialen Zertifizierungsaudit ein Dokumentenaudit und maximal 6 Monate später ein sogenanntes Vor-Ort Audit erforderlich machen.

Der Zertifizierungszeitraum beträgt 3 Jahre und enthält zwischendurch 2 jährliche Überwachungsaudits, die einstufig sind (nur Vor-Ort) und erfolgreich sein müssen.

Teilziele, Termine und Kontakte:

Eigene Hinweise, Kommentare und Planungen:

Gantt-Diagramm

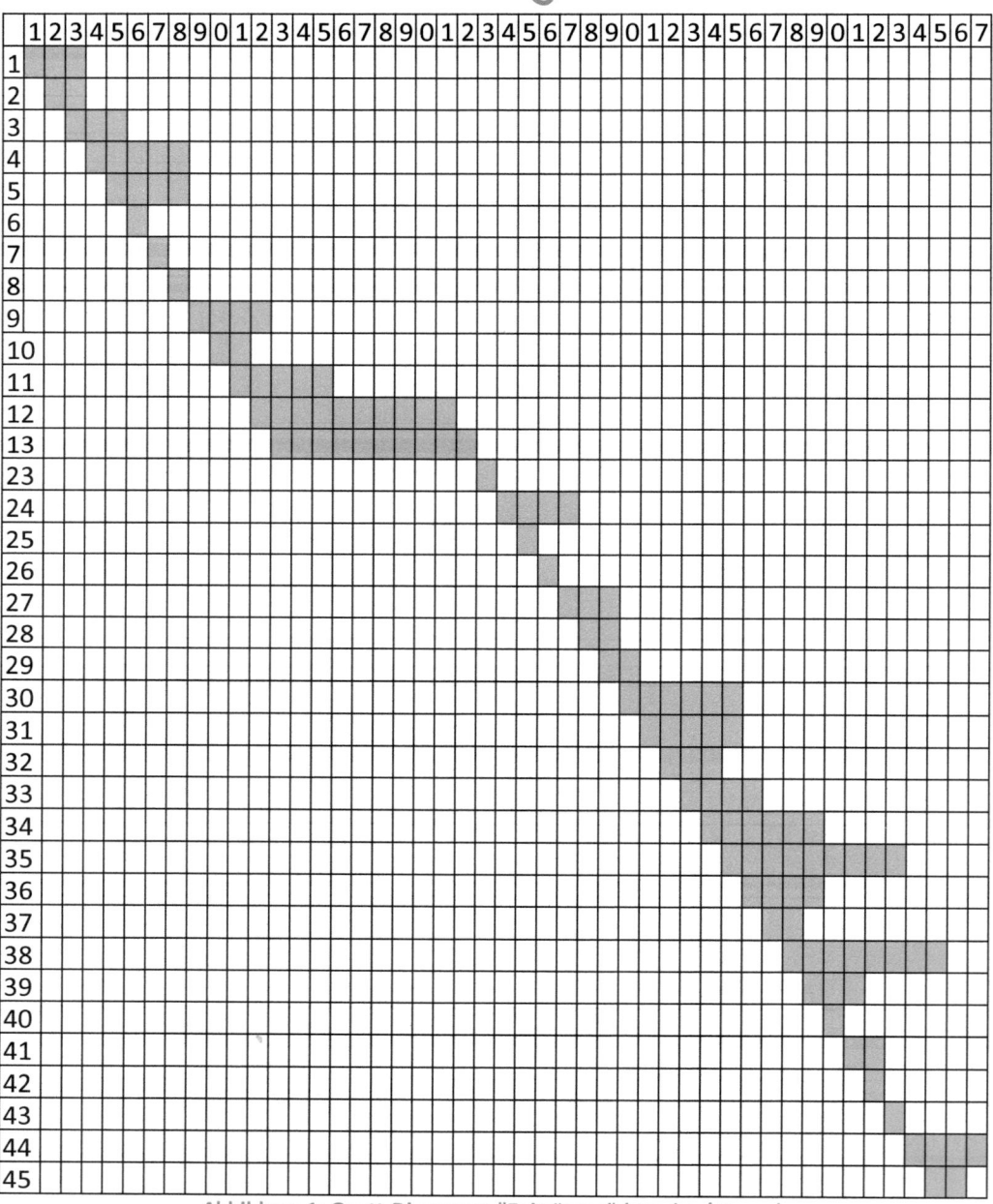

Abbildung 1: Gantt-Diagramm "Zeiträume" (Woche / Dauer)

Erläuterung Gantt-Diagramm

Das Gantt-Diagramm zeigt die Verteilung der Zeiträume. In den Zeilen werden die jeweiligen Wochenaufgaben gelistet und deren Zeiträume in den Spalten (in Wochen angegeben). Die 36 Wochenaufgaben sollten demnach in 47 Wochen erledigt sein. Die Wochenaufgaben hier noch einmal übersichtlich aufgelistet (in Klammern die Forderungen der ISO 27001; K=Kapitel des Rahmenwerkes, A=Anhang):

Woche 1: Ziele der Informationssicherheit bestimmen (K 5.1, K 6.2)

Woche 2: Geltungsbereich festlegen (K 4.3)

Woche 3. Anforderungen der Stakeholder verstehen (K 4.1, K 4.2, K 6.1.1)

Woche 4: Die Ziele der Informationssicherheit den Fachbereichen zuweisen (K 6.2)

Woche 5: Information Security Policy erstellen (K 5.2)

Woche 6: Verantwortlichkeiten festlegen (K 5.3, K 7.2, A 6.1.1)

Woche 7: Dokumentationsrichtlinie erstellen (K 7.5, A 5)

Woche 8: Kommunikationsrichtlinie erstellen (K 7.4)

Woche 9: Awareness-Konzept erstellen (K 7.3, A 7.2.2, A 7.2.3)

Woche 10: Prozess zur Risikobeurteilung erstellen, festlegen und anwenden (K 6.1.2)

Woche 11: Schutzbedarfsfeststellung (K 6.1.2.b)

Woche 12: Ermittlung und Bewertung der IT-Assets (K 6.1.2.c/d, K 8.2)

Woche 13: Ermittlung und Bewertung der Bedrohungen (K 6.1.2.c/d, K 8.2)

Woche 23: Ermittlung und Priorisierung des Risikoniveaus (K 6.1.2.d/e, K 8.2)

Woche 24: Risk Treatment Plan (K 6.1.3, K 8.3)

Woche 25: Steuerung Änderungsprozesse (K 8.1, A 12.1.2)

Woche 26: Steuerung der ausgelagerten Prozesse (K 8.1, A 15)

Woche 27: Ressourcen planen (K 7.1)

Woche 28-39: Anhang A6 bis A 14 und A 16 bis A18

Woche 40: Statement of Applicability (K 6.1.3)

Woche 41: Key IT-Risk Indicators (KIRIs) messen (K 9.1)

Woche 42: Interne Audits planen (K 9.2)

Woche 43: Management Review (K 9.3, K 10)

Woche 44: Zertifizierungsvorbereitung

Woche 45: Anmeldung zur Zertifizierung

Aufgabenverteilung ISO 27001

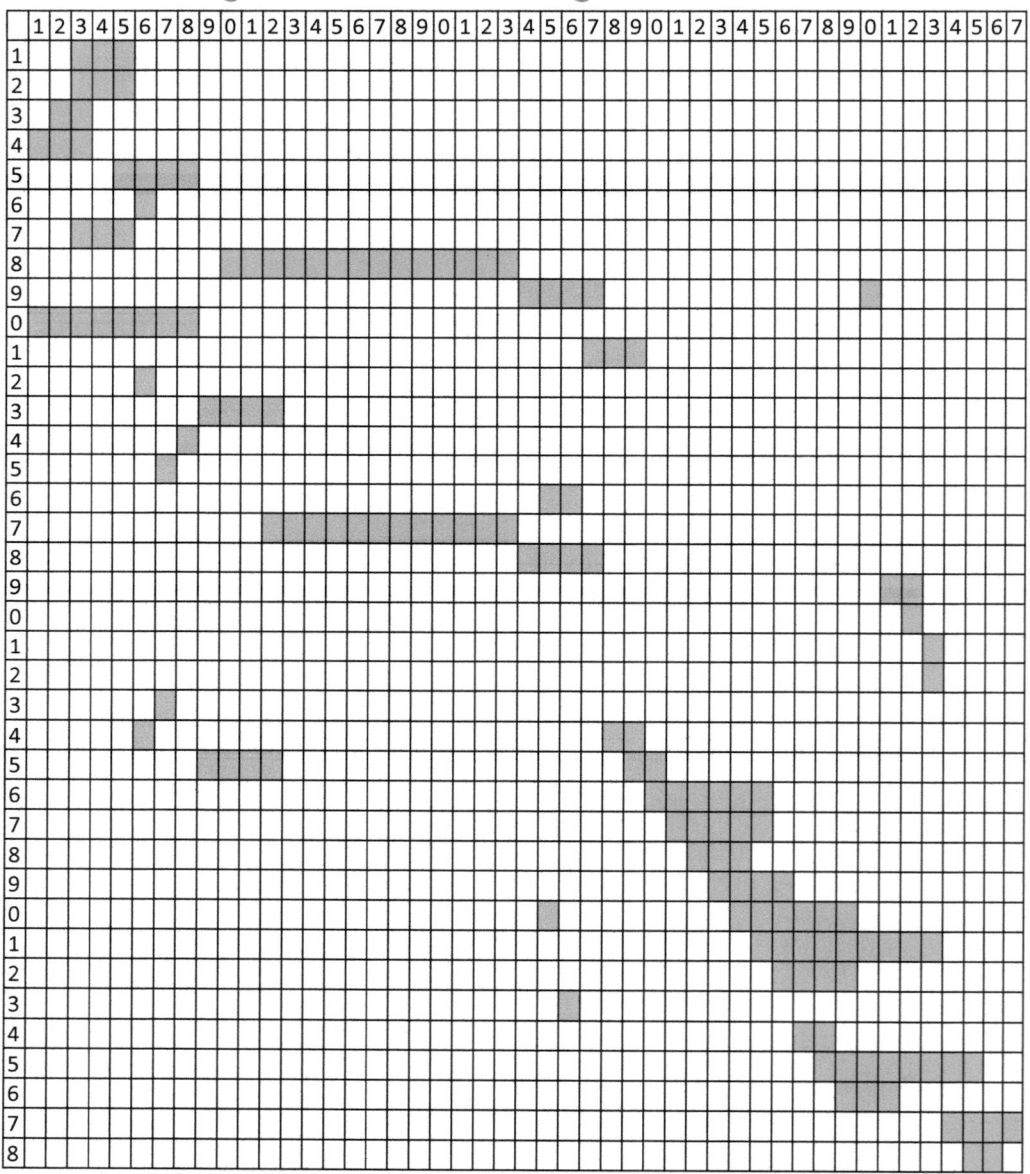

Abbildung 2: Aufgabenverteilung ISO 27001 (Aufgabe ISO 27001 / Dauer)

Erläuterung Aufgabenverteilung

Die Aufgabenverteilung zeigt wann und wie lang die Inhalte des Standards, aus dem Rahmenwerk (Kapitel) und aus dem Anhang, bearbeitet werden.

Die Listung der Aufgaben aus der ISO 27001 hier noch einmal übersichtlich aufgeführt:

1: Kapitel 4.1

2: Kapitel 4.2

3: Kapitel 4.3

Kapitel 4.4: Keine weiteren

Anforderungen

4: Kapitel 5.1

5: Kapitel 5.2

6: Kapitel 5.3

7: Kapitel 6.1.1

8: Kapitel 6.1.2

9: Kapitel 6.1.3

10: Kapitel 6.2

11: Kapitel 7.1

12: Kapitel 7.2

13: Kapitel 7.3

14: Kapitel 7.4

15: Kapitel 7.5

16: Kapitel 8.1

17: Kapitel 8.2

18: Kapitel 8.3

19: Kapitel 9.1

20: Kapitel 9.2

21: Kapitel 9.3

22: Kapitel 10

23: Anhang A 5

24: Anhang A 6

25: Anhang A 7

26: Anhang A 8

27: Anhang A 9

28: Anhang A 10

29: Anhang A 11

30: Anhang A 12

31: Anhang A 13

32: Anhang A 14

33: Anhang A 15

34: Anhang A 16

35: Anhang A 17

36: Anhang A 18

37: Zertifizierungsvorbereitung

38: Zertifizierungsanmeldung